CIENCIA, TECNOLOGÍA,
INGENIERÍA Y MATEMÁTICA ¿TU FUTURO?

Un día de trabajo de un
BIÓLOGO MOLECULAR

ALANA OLSEN

TRADUCIDO POR
ALBERTO JIMÉNEZ

PowerKiDS press

Nueva York

Published in 2016 by The Rosen Publishing Group, Inc.
29 East 21st Street, New York, NY 10010

Copyright © 2016 by The Rosen Publishing Group, Inc.

All rights reserved. No part of this book may be reproduced in any form without permission in writing from the publisher, except by a reviewer.

First Edition

Editor: Caitie McAneney
Book Design: Katelyn Heinle
Translator: Alberto Jiménez

Photo Credits: Cover Christopher Futcher/E+/Getty Images; cover, pp. 1, 3, 4, 6–8, 10–14, 16, 18, 20, 22–24 (molecular vector design) phloxii/Shutterstock.com; p. 5 (top) wavebreakmedia/Shutterstock.com; p. 5 (bottom) Michal Kowalski/Shutterstock.com; p. 7 snapgalleria/Shutterstock.com; p. 9 Monkey Business Images/Shutterstock.com; p. 11 (main) Nicolas Loran/E+/Getty Images; p. 11 (inset) Filip Ristevski/Shutterstock.com; p. 12 Baloncici/Shutterstock.com; p. 13 Monty Rakusen/Cultura/Getty Images; p. 15 Gordon Bell/Shutterstock.com; p. 17 (top) Minerva Studio/Shutterstock.com; p. 17 (bottom) Dragon Images/Shutterstock.com; p. 19 (top) photofriday/Shutterstock.com; p. 19 (bottom) Peopleimages/E+/Getty Images; p. 20 Ramona Heim/Shutterstock.com; p. 21 DAN DUNKLEY/Science Photo Library/Getty Images; p. 22 Jacek Chabraszewski/Shutterstock.com.

Cataloging-in-Publication Data

Olsen, Alana, author.
 Un día de trabajo de un biólogo molecular / Alana Olsen, translated by Albero Jiménez.
        pages cm. — (Ciencia, tecnología, ingeniería y matemática: ¿Tu futuro?)
 Includes index.
 ISBN 978-1-5081-4764-0 (pbk.)
 ISBN 978-1-5081-4745-9 (6 pack)
 ISBN 978-1-5081-4757-2 (library binding)
 1. Molecular biology—Vocational guidance—Juvenile literature. 2. Molecular biologists—Juvenile literature. I. Title.
 QH506.O47 2016
 572.8023—dc23

Manufactured in the United States of America

CPSIA Compliance Information: Batch #BW16PK: For Further Information contact Rosen Publishing, New York, New York at 1-800-237-9932

CONTENIDO

Estudiar las cosas pequeñas	4
¿Qué es la biología molecular?	6
Una mirada de cerca al ADN	8
Tecnología en el trabajo	10
Biología molecular e ingeniería	14
Fabricación de medicinas	16
Matemáticas moleculares	18
Ramas de la biología molecular	20
Para ser biólogo molecular	22
Glosario	23
Índice	24
Sitios de Internet	24

ESTUDIAR LAS COSAS PEQUEÑAS

Todos los seres vivos –de las flores a los peces, pasando por los seres humanos– están constituidos por células. Estas células son ladrillos con los que el mundo viviente está construido. Las células no se ven porque son demasiado pequeñas. Sin embargo, encierran la clave de grandes avances en medicina, **tecnología**, agricultura y muchos otros campos.

Los biólogos moleculares son científicos que estudian **moléculas** y células. Trabajan en laboratorios y utilizan potentes microscopios para examinar cómo funcionan, crecen y cambian las células. El desempeño profesional en biología molecular combina química y biología: es un gran ejemplo de CTIM, las siglas de "Ciencia, Tecnología, **Ingeniería** y Matemática".

PERISCOPIO CTIM

Los biólogos moleculares a menudo estudian cultivos de bacterias en placas de Petri. Esta es una forma sencilla de obtener grandes colonias de bacterias para examinarlas después bajo el microscopio.

Trabajar en biología molecular puede parecer **complejo**, pero en realidad consiste en estudiar las partes más sencillas de los seres vivos.

¿QUÉ ES LA BIOLOGÍA MOLECULAR?

Los biólogos moleculares utilizan la ciencia todos los días. Sobre todo la biología, el estudio de los seres vivos. La biología molecular se ocupa de la estructura de las células y de cómo trabajan a nivel molecular. Las células, con el paso del tiempo, crecen y se multiplican y también pueden cambiar de acuerdo a las condiciones a su alrededor.

Las distintas clases de células hacen cosas diferentes. Algunos organismos diminutos, como las bacterias, se componen de una única y sencilla célula. Otros organismos, como las plantas y los animales, están compuestos por células más grandes y complejas. Las células se componen de distintas partes, cada una de las cuales realiza una importante tarea.

Los biólogos moleculares tienen que entender todas y cada una de las partes de las células. Esta imagen muestra una célula humana y sus partes más importantes.

PARTES DE LA CÉLULA HUMANA

CITOPLASMA: materia líquida que llena la célula compuesta sobre todo de agua

LISOSOMAS: fragmentan las moléculas grandes en trozos pequeños que las células pueden utilizar

MEMBRANA: límite externo de la célula que permite que salgan determinados compuestos y que entren otros

MITOCONDRIAS: se encargan de la producción de energía

NÚCLEO: "cerebro" de la célula; le dice lo que tiene que hacer

RIBOSOMAS: "fábricas" que producen **proteínas** para la célula

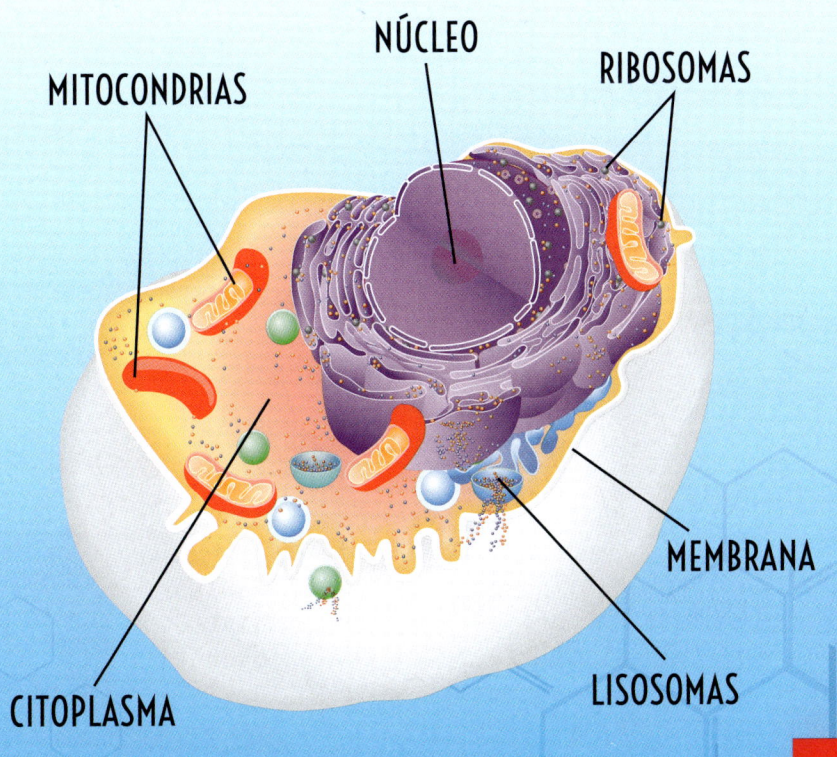

UNA MIRADA DE CERCA AL ADN

El ADN es como un manual de instrucciones para todas las células del cuerpo. Cada persona tiene un ADN diferente y por eso todos tenemos aspectos y comportamientos distintos. El ADN se compone de dos cadenas de moléculas que se enrollan sobre sí mismas formando una doble hélice. Se encuentra en el núcleo de las células de los organismos, y les dice a las células que fabriquen estas o aquellas proteínas.

Nuestros genes se componen de ADN. Un gen es un fragmento de ADN que funciona como el código de determinada proteína en el cuerpo. Los padres transmiten los genes a su descendencia, por lo que esta suele parecerse a los dos o por lo menos a uno, pero los genes de cada progenitor son muy distintos.

> El estudio de los genes se llama genética. Algunos biólogos moleculares se centran en ella. En ocasiones estudian el ADN de una persona para determinar si sus células contienen el código de una enfermedad o malformación.

PERISCOPIO CTIM

Cuando las moléculas del ADN se empaquetan estrechamente en torno a determinadas proteínas, forman estructuras denominadas cromosomas. Cada persona tiene 46 cromosomas dispuestos en pares; y son también los cromosomas los que deciden si eres chico o chica.

TECNOLOGÍA EN EL TRABAJO

Los biólogos moleculares pasan la mayor parte de su tiempo en laboratorios dotados de tecnología especial que les sirve para realizar su trabajo. Utilizan herramientas sencillas, pero también las más avanzadas que un laboratorio puede disponer.

Una herramienta habitual de los laboratorios de biología molecular es la placa de Petri: se depositan en ella pequeñas muestras–de sangre, por ejemplo–que el biólogo molecular pone bajo el microscopio para ampliar su contenido; de este modo puede examinar sus células. Los biólogos moleculares utilizan microscopios potentísimos para visualizar estructuras celulares diminutas.

PERISCOPIO CTIM
Algunos microscopios incorporan una cámara fotográfica que puede conectarse a una computadora, para que los biólogos puedan estudiar la imagen en pantalla.

PLACA DE PETRI

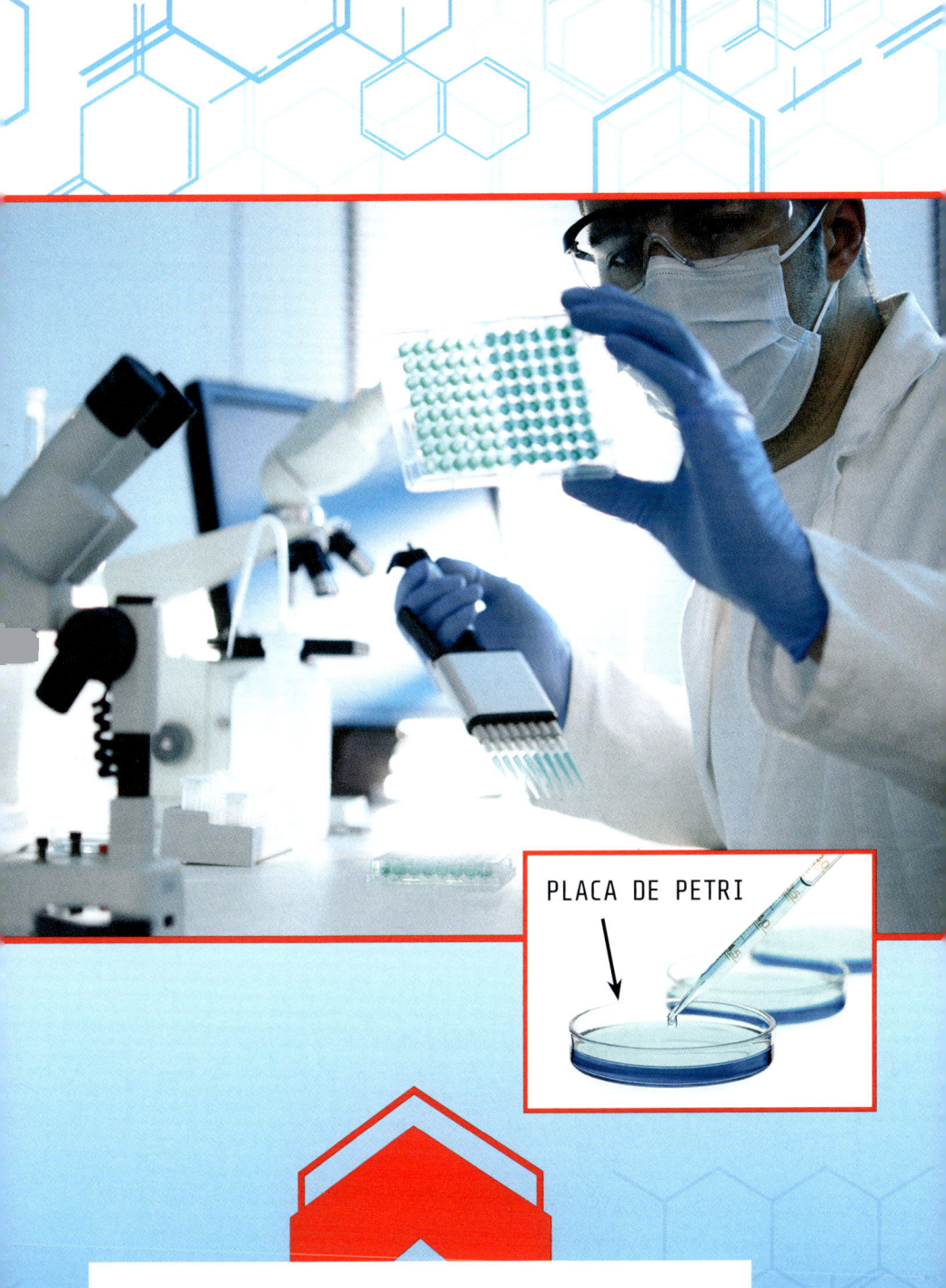

Los biólogos moleculares preparan también muestras en soportes especiales que se conocen como microplacas. Luego llevan esas microplacas a un lector especial con el que identifican las células de la muestra.

Los biólogos moleculares trabajan con muestras muy **sensibles**, que deben mantenerse en unas determinadas condiciones de luz y temperatura para que no se echen a perder. Por ese motivo, hay laboratorios que tienen cuartos fríos y cuartos oscuros. En ciertos casos cuentan con poderosos congeladores donde se guardan los cultivos de bacterias a temperaturas muy bajas. Se utiliza también agua a bajas temperaturas donde se sumerge lo que se desea conservar.

Las centrifugadoras refrigeradas son aparatos que separan dos líquidos o dos sólidos suspendidos en un líquido, lo que es muy útil para analizar muestras. Las incubadoras proporcionan las condiciones adecuadas para que las bacterias y las células se reproduzcan.

AUTOCLAVE

PERISCOPIO CTIM
Un autoclave es un dispositivo para **esterilizar** muestras mediante vapor y presión.

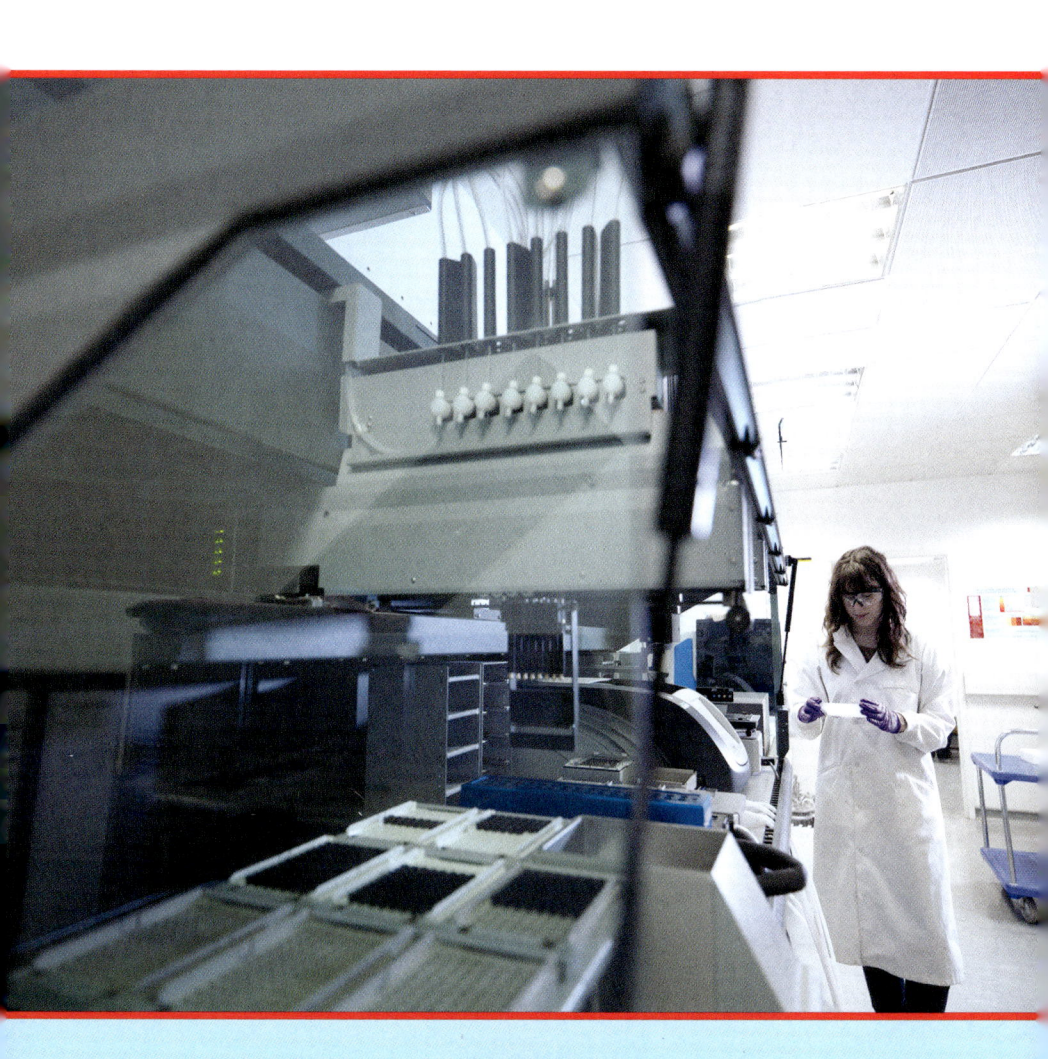

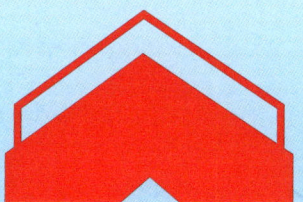

Los secuenciadores de ADN son máquinas que ayudan a los biólogos moleculares a determinar el orden de las bases del ADN.

BIOLOGÍA MOLECULAR E INGENIERÍA

Algunos biólogos moleculares se interesan no solamente en **analizar** las células y el ADN. Se sirven de lo que saben sobre estructuras moleculares y trabajan en crear otras nuevas mediante una especie de ingeniería.

Los biólogos moleculares que trabajan en la **industria** utilizan sus conocimientos de las moléculas para **desarrollar** métodos con los que fabricar, modificar y almacenar medicinas, productos químicos y alimentos. Algunos trabajan en producción biotecnológica, que implica la utilización de organismos y sistemas vivos para fabricar productos. En ocasiones trabajan en la Administración de Medicamentos y Alimentos (FDA: Food and Drug Administration) o en el Departamento de Agricultura de Estados Unidos. Otros trabajan para fabricantes de comida y bebida interesados en crear nuevos productos.

> Algunos biólogos moleculares se ocupan de modificar cultivos genéticamente para que ni las plagas ni los cambios del entorno puedan acabar con ellos.

15

FABRICACIÓN DE MEDICINAS

Los biólogos moleculares desempeñan un papel muy importante en la sociedad porque estudian cómo los medicamentos y los productos químicos afectan a los seres humanos. También desarrollan nuevas medicinas y medicamentos para mejorar la vida de las personas. Algunos trabajan en el ámbito farmacéutico, preocupado siempre por descubrir y desarrollar nuevas fórmulas con las que tratar enfermedades.

Los biólogos moleculares se ocupan también de cómo las enfermedades afectan el cuerpo humano. Estudian la sangre o las secreciones para ver los efectos de la enfermedad a nivel molecular y también para ver los efectos del medicamento en el tratamiento del paciente.

PERISCOPIO CTIM
Los biólogos moleculares interesados por la medicina pueden trabajar en compañías farmacéuticas, hospitales, clínicas o incluso para el Departamento de Salud y Servicios Humanos de Estados Unidos.

Hay biólogos moleculares que se dedican a desarrollar vacunas, compuestos que preparan el cuerpo para combatir la enfermedad antes de que comience.

MATEMÁTICAS MOLECULARES

Las matemáticas son muy importantes si quieres ser biólogo molecular. La geometría es el estudio matemático de las líneas, los ángulos, las superficies y los sólidos. Las formas de las moléculas son decisivas cuando se pretende identificarlas y averiguar qué pueden hacer.

La estadística es una parte de las matemáticas que recopila y analiza datos numéricos donde encontrar pautas, porque a partir de ellas realiza **inferencias**. Esto ayuda al biólogo a ver qué genes están activos en personas con determinados rasgos o enfermedades. Un biólogo molecular puede descubrir que si un determinado gen está activo, la persona corre más riesgo de padecer una enfermedad.

> Los biólogos moleculares utilizan estadísticas para establecer vínculos exactos entre genes y enfermedades. En el futuro tal vez sean capaces de aplicar terapias genéticas, lo que significa "curar" los genes de una persona para tratar la enfermedad que sufre.

19

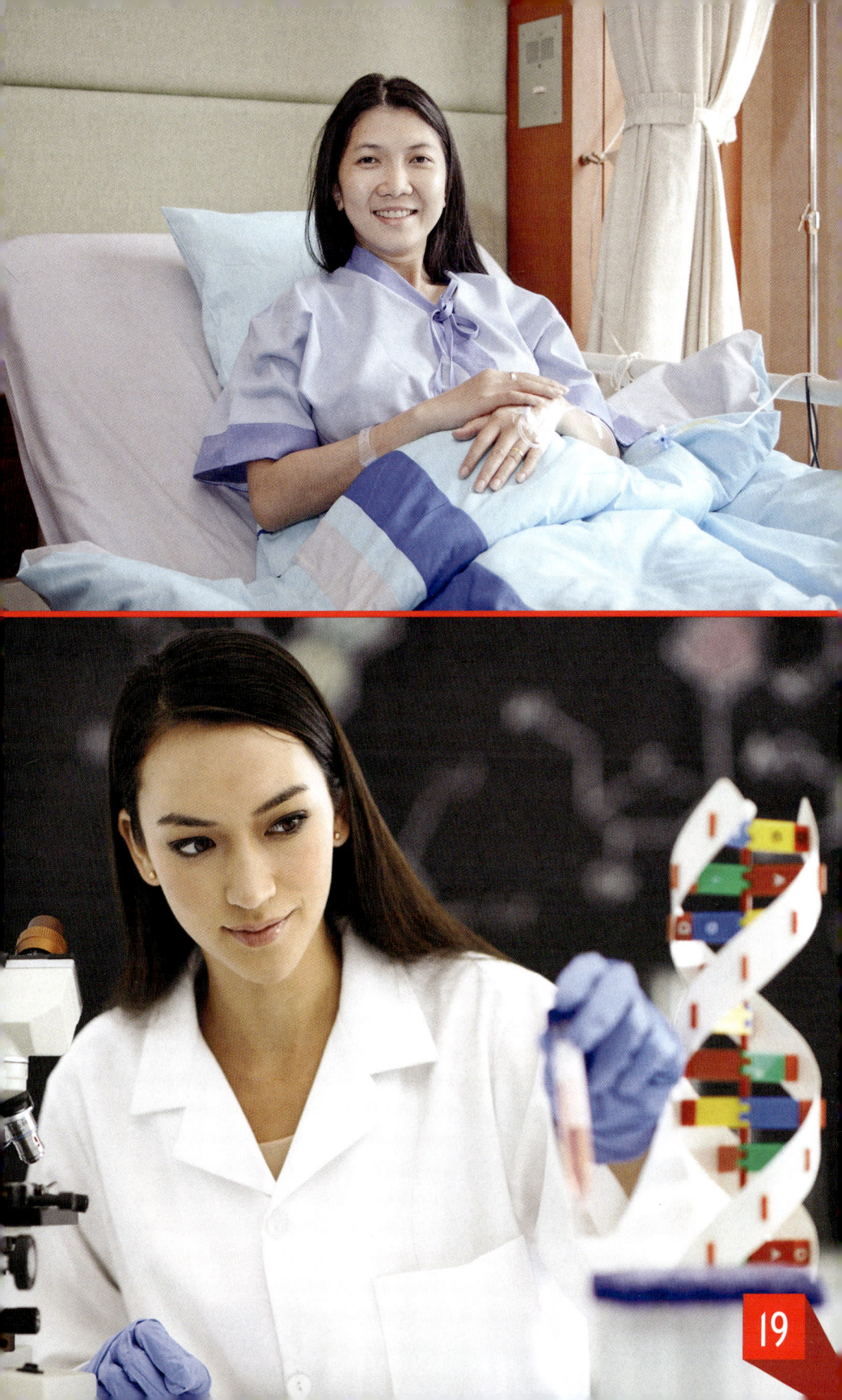

RAMAS DE LA BIOLOGÍA MOLECULAR

Todos los biólogos moleculares examinan, analizan y hacen inferencias sobre la estructura molecular de los seres vivos. Sin embargo, su día de trabajo depende sobre todo del campo en que trabaje.

Algunos lo hacen en agricultura o en ciencias medioambientales: estudian seres vivos (en su entorno natural o no), para determinar cómo los afectan la contaminación, las plagas, la temperatura y otros factores. Algunos trabajan modificando genéticamente los alimentos para que sean más sanos y duren más. Y, por último, los que contribuyen a esclarecer delitos estudian muestras tomadas en el escenario del crimen y las comparan con el ADN de los posibles sospechosos.

PERISCOPIO CTIM
Algunos biólogos moleculares estudian los efectos nocivos que tienen determinados compuestos químicos en los seres vivos: esta especialidad se llama toxicología.

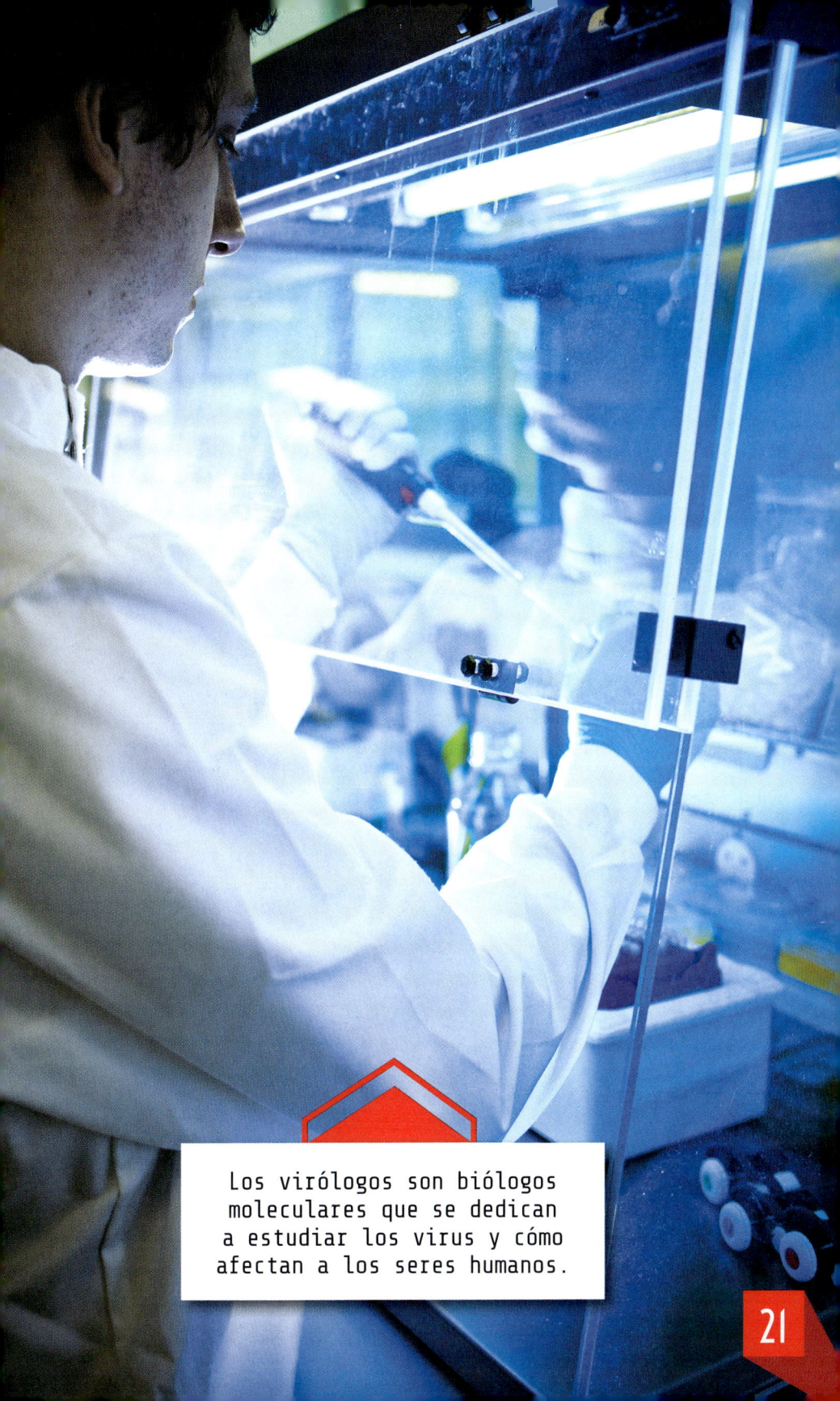

Los virólogos son biólogos moleculares que se dedican a estudiar los virus y cómo afectan a los seres humanos.

PARA SER BIÓLOGO MOLECULAR

¿Te parece interesante la posibilidad de convertirte en biólogo molecular? Si es así, empieza a preparar tu futura carrera ya mismo. Pon especial atención en tus clases de ciencias y de matemáticas, y toma todas las clases de CTIM que puedas en la escuela secundaria.

Los biólogos moleculares necesitan licenciarse primero en biología, química u otra disciplina asociada. Algunos obtienen una maestría o un doctorado en biología molecular, o en una especialidad relacionada, para poder progresar profesionalmente.

Los biólogos moleculares son expertos en estudiar las partes más pequeñas de los seres vivos. Saben que en cada célula y cada filamento de ADN reside la esperanza de un futuro mejor.

GLOSARIO

analizar: Estudiar algo a fondo.

complejo: Algo que no es fácil de entender o de explicar.

desarrollar: Trabajar en algo durante un cierto tiempo.

esterilizar: Limpiar algo destruyendo posibles gérmenes o bacterias.

industria: Grupo de empresas que proporcionan un cierto producto o servicio.

inferencia: Conclusión u opinión que se forma partiendo de hechos conocidos, de pruebas.

ingeniería: Uso de la ciencia y las matemáticas para construir mejores estructuras.

molécula: Parte más pequeña de algo que tiene todas sus características.

proteína: Cadena larga de materia estructural que el cuerpo fabrica para que la célula pueda realizar sus funciones principales.

sensible: Que se puede dañar con facilidad por determinadas condiciones.

tecnología: Conjunto de conocimientos y medios técnicos aplicados al desarrollo de una actividad.

ÍNDICE

A
ADN, 8, 9, 13, 14, 20, 22
ámbito farmacéutico, 16
autoclave, 12

B
bacterias, 4, 6, 12
biología, 4, 6, 22
biotecnología, 14

C
célula(s), 4, 6, 7, 8, 10, 11, 12, 14, 22
centrifugadoras, 12
ciencia(s), 4, 6, 20, 22
ciencias medioambientales, 20
cuartos fríos, 12
cuartos oscuros, 12

D
delitos, 20
dispositivo, 12

G
genes, 8, 18

H
herramienta(s), 10

I
incubadoras, 12
ingeniería, 4, 14, 23

L
laboratorio(s), 4, 10, 12
lector de microplacas, 11

M
matemática(s), 4, 18, 22
medicina(s), 4, 14, 16
microplacas, 11
microscopio(s), 4, 10
modificar alimentos, 20
molécula(s), 4, 7, 8, 9, 14, 18, 23
muestras, 10, 11, 12, 20

P
placa(s) de Petri, 4, 10, 11
proteínas, 7, 8, 9, 23

Q
química, 4, 22

S
secuenciadores de ADN, 13
sumergir, 12

T
tecnología, 4, 10, 23
toxicología, 20

V
virólogos, 21

SITIOS DE INTERNET

Debido a que los enlaces de Internet cambian a menudo, PowerKids Press ha creado una lista en línea de los sitios Internet que tratan sobre el tema de este libro. Este sitio se actualiza con regularidad. Por favor, usa este enlace para ver la lista: www.powerkidslinks.com/ssc/mbio

572.802 O　　　　　　　　　　FLT
Olsen, Alana,
Un dÃa de trabajo de un biÃ³logo
 molecular

Friends of the
Houston Public Library

07/16